Marlies Kraus

I0018253

Barrierefreies E-Government in Deutschland

Fallbeispiel Herzogsägmühle

Marlies Kraus

Barrierefreies E-Government in Deutschland

Fallbeispiel Herzogsägmühle

GRIN Verlag

Bibliografische Information der Deutschen Nationalbibliothek: Die Deutsche Bibliothek verzeichnet diese Publikation in der Deutschen Nationalbibliografie; detaillierte bibliografische Daten sind im Internet über http://dnb.d-nb.de/ abrufbar.

1. Auflage 2005
Copyright © 2005 GRIN Verlag
http://www.grin.com/
Druck und Bindung: Books on Demand GmbH, Norderstedt Germany
ISBN 978-3-640-64699-9

FOM Fachhochschule für Oekonomie & Management
München

Berufsbegleitender Studiengang zum
Dipl.- Wirtschaftsinformatiker/in (FH)
5. Semester

Semesterarbeit zum Thema:

Barrierefreies E-Government in Deutschland

Fallbeispiel Herzogsägmühle

Autorin: Marlies Pobloth-Kraus

Schongau, 17. Juni 2005

INHALTSVERZEICHNIS

ABKÜRZUNGSVERZEICHNIS

BIENE	Barrierefreies Internet eröffnet neue Einsichten
BIK	Barrierefrei Informieren und Kommunizieren
BITV	Barrierefreie Informationstechnik-Verordnung
CSS	Cascading Style Sheets
DBSV	Deutsche Blinden- und Sehbehinderten-Verein
DIAS	Daten, Informationssysteme und Analysen im Sozialen
e.V.	eingetragener Verein
E-Democracy	Electronic Democracy
E-Government	Electronic Government
EQUAL	Einbindung, Qualifizierung, Unternehmergeist, Arbeitsmarktintegration, Lebenslanges Lernen
EU	Europäische Union
G2B	Government to Business
G2C	Government to Citizens
G2G	Government to Government
HTML	Hypertext Markup Language
lt.	laut
o. a.	oben angegeben
OHAH	Online-Handicap-Aktiv Herzogsägmühle
PCS-Symbole	Pick'n Stick-Symbole
PDA	Personal Digital Assistent
u. a.	unter anderem
usw.	und so weiter
v. a.	vor allem
W3C	World Wide Web Consortium
WAI	Web Accessibility Initiative
WWW	World Wide Web
z. B.	zum Beispiel

ABBILDUNGSVERZEICHNIS

1 Einleitung

Die Erfindung von Massenmedien ist stets mit einer fortschreitenden Entwicklung der Gesellschaft verbunden. Die Erfindung des Buchdrucks ermöglichte breiten Schichten den Zugang zu mehr Wissen, die Telefonie überwand räumliche Distanzen, und Radio sowie Fernsehen führten zu einer bislang unbekannten medialen Nähe zwischen den Regierenden und der Bevölkerung.[1]

Die Bedeutung des Internets kann noch nicht abschließend beurteilt werden; dafür ist dieses Massenmedium noch zu jung. Doch stellt sich jenseits des Unterhaltungs- und Informationswertes dieses Mediums die Frage, welchen Mehrwert das Internet der Bürgergesellschaft bringen kann. Seit Ende der 90er Jahre kursiert der Begriff des Electronic Governments (E-Government), der sowohl die Verbesserung von arbeits-internen Abläufen bei staatlichen Institutionen als auch eine Erweiterung der Demo-kratie durch das Internet umfasst.[2]

Mehr Demokratie für die Bevölkerung also. Doch wie ist es um den Teil der Bevölke-rung bestellt, der aufgrund einer körperlichen, seelischen oder geistigen Behinderung keinen oder nur sehr erschwerten Zugriff auf Online-Angebote von Bund, Ländern und Gemeinden hat? Sollen diese Menschen nicht teilhaben an mehr Demokratie?

Das Ziel vorliegender Studienarbeit ist es deshalb, Vorgehensweisen aufzuzeigen, wie auch dieser Bevölkerungsteil in die Electronic Democracy (E-Democracy) integriert werden kann.

Während Kapitel 1 Begriffe dieses Themenkomplexes erläutert, verschafft Kapitel 2 einen Überblick über den aktuellen Stand von barrierefreier Informationstechnik in Deutschland. Der Schwerpunkt dieser Arbeit liegt auf Kapitel 3, das anhand der Fall-studie Herzogsägmühle ein barrierefreies Angebot im E-Government durchleuchtet. Kapitel 4 bietet eine kurze Zusammenfassung und Kapitel 5 gibt einen Ausblick auf die weitere Entwicklung in Herzogsägmühle.[3]

---

[1] Vgl. Hamm, I.: Vorwort; in: Friedrichs, S. et al. (Hrsg.):
E-Government: Effizient verwalten - demokratisch regieren; Gütersloh 2002; S. 7.
[2] Vgl. ebd; S. 7.
[3] Anm. d. Verf.: Herzogsägmühle ist ein Eigenwort und wird deshalb ohne Artikel geschrieben.

2

1.1 Begriffe

Dieser Abschnitt erläutert vorab die wichtigsten Begriffe, um dadurch eine eindeutige Abgrenzung zwischen den behandelten Themenbereichen zu ermöglichen.

1.1.1 E-Government

Unter E-Government versteht man die Nutzung des Internets und anderer elektronischer Medien, um zum einen Bürger und Unternehmen in das Verwaltungshandeln von Behörden besser einzubinden und zum anderen die verwaltungsinterne Zusammenarbeit zwischen Behörden zu intensivieren.[1]

1.1.2 Barrierefreiheit

Der Begriff Barrierefreiheit ist im §4 des Behindertengleichstellungsgesetzes definiert: „Barrierefrei sind bauliche und sonstige Anlagen, Verkehrsmittel, technische Gebrauchsgegenstände, Systeme der Informationsverarbeitung, akustische und visuelle Informationsquellen und Kommunikationseinrichtungen sowie andere gestaltete Lebensbereiche, wenn sie für behinderte Menschen in der allgemein üblichen Weise, ohne besondere Erschwernis und grundsätzlich ohne fremde Hilfe zugänglich und nutzbar sind."[2]

1.1.3 Barrierefreiheit im E-Government

Im Glossar des E-Government-Handbuchs wird statt des deutschen Begriffes Barrierefreiheit der internationale Begriff Accessibility[3] verwendet. Accessibility bezieht sich lt. dieser Definition auf die Zugänglichkeit von Internetseiten für alle Nutzer. So sind beispielsweise viele Internetseiten auf PDAs[4], Handys oder älteren Browsern nicht lesbar. Zudem stoßen heutzutage viele Menschen, die im Sehen, Hören, in der Feinmotorik oder im kognitiven Bereich eingeschränkt sind, noch vielfach auf Barrieren.[5]

1.1.4 EQUAL

Die aus dem Europäischen Sozialfonds geförderte Gemeinschaftsinitiative EQUAL[6] zielt darauf ab, neue Wege zur Bekämpfung von Diskriminierung und Ungleichheiten von Arbeitenden und Arbeitsuchenden auf dem Arbeitsmarkt zu erproben.[1]

---

[1] Vgl. o. V.: Bundesamt für Sicherheit in der Informationstechnik: Chefsache E-Government; http://www.bsi.bund.de/fachthem/egov/download/1_Chef.pdf; S. 3; Stand 30.05.2005.
[2] O. V.: Bundesministerium für Gesundheit und Soziale Sicherung: Behindertengleichstellungsgesetz; http://bundesrecht.juris.de/bundesrecht/bgg/index.html; S. 2; Stand 30.05.2005.
[3] Übers. d. Verf.: Zugänglichkeit.
[4] Anm. d. Verf.: Abk. von Personal Digital Assistent; zu deutsch: Handcomputer.
[5] Vgl. o. V.: Bundesamt für Sicherheit in der Informationstechnik: Online-Version des E-Government-Handbuch; http://www.bsi.bund.de/fachthem/egov/6.htm; Stand 30.05.2005.
[6] Anm. d. Verf.: Abk. von: Einbindung, Qualifizierung, Unternehmergeist, Arbeitsmarktintegration, Lebenslanges Lernen.

1.2 An wen richtet sich E-Government?

Zunächst einmal muss die Frage geklärt werden, an wen sich E-Government richtet.

Auf den entsprechenden Internetseiten des Bundesministeriums des Inneren[2] findet man folgende Dreiteilung:

§ E-Government für Bürger, englisch: Government to Citizens (G2C).

§ E-Government für die Wirtschaft, englisch: Government to Business (G2B).

§ E-Government für Behörden, englisch: Government to Government (G2G).

Die folgende Abbildung verdeutlicht diese Dreiteilung.

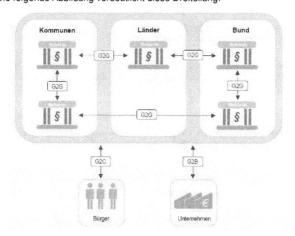

Abbildung 1: An wen richtet sich E-Government?
Quelle: O. V.: Bundesministerium des Inneren:
SAGA: Standards und Architekturen für E-Government-Anwendungen;
http://www.kbst.bund.de/Anlage304423/SAGA_Version_2.0.pdf; S. 46; Stand 10.06.2005.

1.2.1 Die Vorteile von E-Government für Bürger

Mit dem Begriff E-Government für Bürger werden Dienstleistungen bezeichnet, die der Bund seinen Bürgern direkt anbietet. Die Dienstleistungsqualität soll verbessert und der Informationszugang vereinfacht werden.[3]

[1] Vgl. o. V.: Neue Wege der Bekämpfung von Diskriminierung und Ungleichheiten am Arbeitsmarkt; die europäische Gemeinschaftsinitiative Equal im Überblick; http://www.equal.de/Equal/Redaktion/Medien/Anlagen/Broschueren/2005-03-24-equal-flyer-januar-2005,property=pdf.pdf, Stand 12.06.2005.
[2] Vgl. o. V.: Bundesministerium des Inneren:
SAGA: Standards und Architekturen für E-Government-Anwendungen;
http://www.kbst.bund.de/Anlage304423/SAGA_Version_2.0.pdf; S. 46; Stand 10.06.2005.
[3] Vgl. o. V.: E-Government; von der Verwaltung zum kundenorientierten Dienstleister; Themenindex - E; http://www.4managers.de/; Stand 12.06.2005.

4

1.2.2 Die Vorteile von E-Government für die Wirtschaft

„E-Government für die Wirtschaft bezeichnet Dienstleistungen, die der Bund Unternehmen anbietet. Das virtuelle Rathaus soll der Wirtschaft eine Verbesserung des Standortmarketings, eine Stärkung im Standortwettbewerb und eine Intensivierung von Unternehmensnetzwerken bringen".[1]

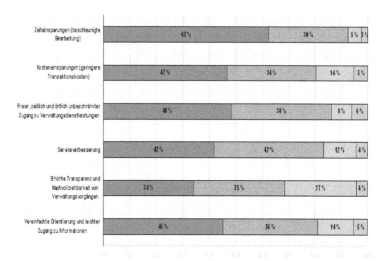

Abbildung 2: Vorteile von E-Government für Unternehmen.
Quelle: O. V.: http://www.bdi-online.de/img/Energie-Telekommunikation/E-Government1.gif.

1.2.3 Die Vorteile von E-Government für Behörden

„Mit E-Government für Behörden bezeichnet man Dienstleistungen des Bundes für die Verwaltung. Die Behörden profitieren in erster Linie dadurch, dass die Kommunikation mit der Wirtschaft und den Bürgern stark verbessert wird, was wiederum mit einem positiveren Image verbunden ist".[2] „In Zeiten leerer öffentlichen Kassen sind vor allem die sich ergebenden Einsparpotenziale von großer Bedeutung. So will alleine der Bund ab dem Jahr 2006 Einsparungen von jährlich 400 Mio. Euro erzielen".[3]

---

[1] O. V.: E-Government; von der Verwaltung zum kundenorientierten Dienstleister; Themenindex - E; http://www.4managers.de/; Stand 12.06.2005.
[2] Ebd.
[3] Ebd.

2 Barrierefreie Informationstechnik in Deutschland

Nach der aktuellen in Deutschland gültigen Barrierefreie Informationstechnik-Verordnung (BITV), die am 24.07.02 in Kraft trat, müssen bis zum 31.12.2005 alle Informationstechnik-Angebote des Bundes vollständig barrierefrei gestaltet sein.[1]

Nachfolgende Ausführungen erheben keinen Anspruch auf Vollständigkeit, sondern beleuchten lediglich die wesentlichen Problembereiche näher.

2.1 Wie viele Behinderte leben in Deutschland?

In Deutschland leben rund 8 Millionen Menschen mit Behinderungen; von diesen sind wiederum 6,7 Millionen schwer behindert.[2] Unterscheiden lassen sich vor allem folgende Arten von Behinderung:

2.1.1 Sehbehinderung

Informationen aus dem Internet, die in Bildern oder Animationen vorliegen, bleiben für blinde oder sehbehinderte Menschen verschlossen. Als Hilfsmittel nutzen viele Sehbehinderte entweder einen Screenreader[3] oder eine Braillezeile.[4]

Abbildung 3: Braillezeile.
Quelle: Hellbusch, J.: Barrierefreies Webdesign: Praxishandbuch für Webgestaltung und grafische Programmoberflächen; Heidelberg 2005; S. 8.

---

[1] Vgl. o. V.: Bundesministerium für Gesundheit und Soziale Sicherung:
Das Gesetz zur Gleichstellung behinderter Menschen;
http://www.bmgs.bund.de/deu/gra/publikationen/p_6.cfm; Stand 29.05.2005.
[2] Vgl. o. V.: Gemeinschaftsinitiative Equal: Newsletter 6 vom Oktober 2003;
http://www.equal.de/Equal/Redaktion/Medien/Anlagen/EQUAL-Newsletter/EQUAL-Newsletter-Nr-6-Oktober-2003,property=pdf.pdf; S. 1; Stand 30.05.2005.
[3] Anm. d. Verf.: Software, die den Text einer Website laut vorliest.
[4] Vgl. o. V.: Lösungen für ein barrierefreies Internet;
http://www.barrierefreiesinternet.de/nt_loesung.htm; Stand 30.05.2005.

6

2.1.2 Hörschädigung

„Für Menschen, die von Geburt an gehörlos sind und sich mit der Gebärdensprache verständigen, ist die Lautsprache gewissermaßen eine Fremdsprache."[1] „Das Verstehen von kompliziert geschriebenen Texten fällt ihnen schwerer als Hörenden."[2]

2.1.3 Körperliche Behinderung

„Menschen mit motorischen Einschränkungen können je nach Art und Schwere ihrer Behinderung die übliche Hard- und Software für die Eingabe von Befehlen und Bedienung von Programmen nur eingeschränkt oder überhaupt nicht nutzen."[3] Abhilfe schaffen technische Hilfsmittel wie z. B. die Einhandtastatur, die Tastatur für Füße, die Tastenmaus oder die Kopfmaus.

Abbildung 4: Tastatur für Füße.
Quelle: Pfeifer, D.: Willkommen auf meiner Homepage; Startseite;
http://www.dirkpfeiffer.de; Stand 12.06.2005.

2.1.4 Geistige Behinderung

Menschen mit geistiger Behinderung haben Schwierigkeiten mit langen Texten, unübersichtlichen Informationen und schwierigen Fachartikeln.[4] Hier schaffen die PCS[5]-Symbole Abhilfe, die in der nachfolgenden Abbildung vorgestellt werden.

         &

Ich   mag   Käse   und   Pizza

Abbildung 5: PCS-Symbole.
Quelle: O. V.: Lebenshilfe angesagt: Bilder;
http://www.lebenshilfe-angesagt.de/wegweiser/symbole.htm, Stand 10.06.2005.

---

[1] Hellbusch, J.: Barrierefreies Webdesign: Praxishandbuch für Webgestaltung und grafische Programmoberflächen; Heidelberg 2005; S. 20.
[2] Ebd.
[3] Ebd.
[4] Vgl. o. V.: Lösungen für ein barrierefreies Internet;
http://www.barrierefreiesinternet.de/nt_loesung.htm; Stand 30.05.2005.
[5] Anm: d. Verf.: Abk. von Pick'n Stick; zu deutsch: Aussuchen und Anhängen.

2.2 Schritte zur Barrierefreiheit

Zunächst muss in der Bevölkerung das Bewusstsein geschaffen werden, dass ein Umdenken beim Entwerfen von Internetauftritten erfolgen sollte. Bund und Länder haben daher in ihren BITV eine Liste erstellt, die 14 Anforderungen aufführt. Dabei wird eine Themenunterteilung in die Bereiche Wahrnehmbarkeit, Verständlichkeit, Bedienbarkeit und Technologische Robustheit vorgenommen.[1]

Dabei orientiert man sich an den Vorgaben des World Wide Web Consortium (W3C). Die Web Accessibility Initiative[2] (WAI) gibt auf einer Ihrer Seiten[3] 10 Quick-Tipps, die den Einstieg in ein barrierefreies Webdesign ermöglichen sollen.

2.3 Vorstellung dreier verwendeter Online-Checktools
zum Test auf Barrierefreiheit

„Bei den automatischen Tools können entsprechend der ‚Evaluation and Repair Tools Working Group' der W3C-WAI drei Arten von Tools unterschieden werden:

1. Testtools
2. Korrekturtools
3. Filter- und Transformationstools."[4]

2.3.1 Der Barrierefinder

Für Laien ohne Vorkenntnisse in der Codierung von Web-Seiten wird das deutschsprachige Tool[5] Barrierefinder (http://www.barrierefinder.de) als Einstieg angeboten. Anhand einfacher Fragen wird ermittelt, welche wesentlichen Barrieren auf der Website bestehen. Überprüft werden können z. B. die Qualität der alt-Texte[6], die Darstellung der Seite in einem Textbrowser und die Kontrastfähigkeit der Seite. Weiterhin wird geprüft, ob die Texte vergrößerbar sind und ob die Seiten ohne Javascript funktionieren.[7]

---

[1] Vgl. o. V.: Barrierefreie Webseiten an der FernUni;
http://www.fernuni-hagen.de/urz/internet/barrierefrei.html, Stand 30.05.2005.
[2] Übers. d. Verf.: Initiative für die Zugänglichkeit des Internets.
[3] Vgl. o. V.: W3C: Web Accessibility Initiative;
http://www.w3.org/WAI/References/QuickTips; Stand 30.05.2005.
[4] O. V.: Wissen im Internet; http://www.bund.de/nn_189112/DE/VuI/WIN/2004/05-Mai/
INFO-1806-FTB-sb.html; Stand 13.06.2005.
[5] Übers. d. Verf.: Hilfsprogramm, Hilfsmittel.
[6] Anm. d. Verf.: Alternativ-Texte zur Beschreibung von Bildern.
[7] Vgl. o. V.: barrierefinder - Ist Ihre Webseite barrierefrei?;
http://www.barrierefinder.de; Stand 10.06.2005.

2.3.2 A-Prompt

Zusätzlich kann man das einfach zu bedienende Programm A-Prompt (http://wob11.de/publikationen/aprompt/programm.html) zum Testen auf Barrierefreiheit verwenden. In der aktuellen Version von A-Prompt werden jedoch nicht alle Checkpunkte der Barrierefreien Informationstechnik-Verordnung (BITV) bzw. der WAI-Richtlinien automatisch überprüft.[1]

2.3.3 Screenreader

Der Einsatz eines Screenreaders zeigt u. a. verdeckte Mängel beim Einsatz von Layout-Tabellen auf. Nachstehende Abbildung zeigt, wie ein Screenreader die Seite von „BundOnline 2005" vorlesen würde.

Abbildung 6: Lesereihenfolge einer linearisierten Layout-Tabelle.
Quelle: O. V.: Barrierefreies E-Government:
Leitfaden für Entscheidungsträger, Grafiker und Programmierer;
http://www.uni-frankfurt.de/org/ltg/admin/muk/cd/relaunch/dok/e-gov.pdf; S. 73;
Stand 10.06.2005.

„Wird nun die Lesereihenfolge verfolgt, die sich aus der Linearisierung der Tabelle ergibt, würde ein Screenreader diese Tabelle etwa wie folgt vorlesen:

- ► *"BundOnline E-Government 2005 Eine Informationsgesellschaft ohne E-Government ist nicht denkbar.*
- ► *Link: DeutschlandOnline*
- ► *Link: Umsetzungsplan*
- ► *Link: Anzeigenkampagne*
- ► *Link: Fortschrittsanzeige*
- ► *Beides gehört zusammen.*
  Der Einsatz von Kommunikations- und Informationstechnologien ...

Dieses Beispiel zeigt deutlich, dass hier die Lesereihenfolge, die sich aus der linearisierten Layout-Tabelle ergibt, nicht mit der natürlichen sprachlichen und der logischen Lesereihenfolge übereinstimmt."[2]

---

[1] Vgl. o. V.: Web ohne Barrieren nach §11 im Behindertengleichstellungsgesetz; http://wob11.de/publikationen/aprompt/programm.html; Stand 10.06.2005.
[2] Vgl. o. V.: Barrierefreies E-Government: Leitfaden für Entscheidungsträger, Grafiker und Programmierer; http://www.uni-frankfurt.de/org/ltg/admin/muk/cd/relaunch/dok/e-gov.pdf;

3 Barrierefreies E-Government

3.1 Der BIENE-Award

Der BIENE[1]-Award wird für die besten deutschsprachigen barrierefreien Websites verliehen. Dieser Wettbewerb wird von der „Aktion Mensch" und von der Stiftung „Digitale Chancen" initiiert und gilt als anerkannter Gradmesser für barrierefreies Webdesign. Die Ausschreibungen zu diesem Wettbewerb finden sich unter http://www.einfach-fuer-alle.de.

3.2 Das Projekt BIK

BIK steht für Barrierefrei Informieren und Kommunizieren. BIK ist ein auf drei Jahre ausgelegtes Projekt, das durch das Bundesministerium für Gesundheit und Soziale Sicherung gefördert wird. Von BIK wurden u. a. 14 deutschen Ministerien auf Barrierefreiheit getestet.[2] Einen Auszug des Ergebnisses dieses Tests zeigt die nachfolgende Abbildung.

Titel	Punkte
Auswärtiges Amt	(73.5)
BMBF - Bundesministerium für Bildung und Forschung	91.5
BMF - Bundesfinanzministerium	76
BMFSFJ - Bundesministerium für Familie, Senioren, Frauen und Jugend	88.5
BMI - Bundesministerium des Inneren	79.5

Abbildung 7: Testergebnisse des BITV für Webauftritte.
Quelle: O. V.: BITV-Test: Ministerien;
http://www.bitvtest.de/main.php?a=sl&prid=5, Stand 12.06.2005.

3.3 Fallstudie: Barrierefreies E-Government in Herzogsägmühle

Die Fallstudie dieser Studienarbeit beschäftigt sich mit einem Projekt, das von Herzogsägmühle[3] initiiert wurde. Dieses Projekt trägt den Namen „Pfaffenwinkel barrierefrei"[4] und hat sich zur Aufgabe gemacht, Kultur- und Freizeitangebote, Gaststätten und Pensionen sowie Apotheken und Arztpraxen auf Barrierefreiheit hin zu untersuchen. Die genannten Einrichtungen und Örtlichkeiten im Pfaffenwinkel[5] werden

---

S. 73; Stand 10.06.2005.
[1] Anm. d. Verf.: Abk. von Barrierefreies Internet eröffnet neue Einsichten.
[2] O. V.: barrierefrei informieren und kommunizieren - Vergleichender BITV-Test; http://www.bik-online.info/verfahren/vergleichender_test.php, Stand 12.06.2005.
[3] Anm. d. Verf.: Herzogsägmühle ist ein Eigenwort und wird deshalb ohne Artikel geschrieben.
[4] Vgl. o. V.: Pfaffenwinkel barrierefrei; http://www.pfaffenwinkel-barrierefrei.de/start.asp?view=1; Stand 06.06.2005.
[5] Anm. d. Verf.: Gebiet zwischen Lech und Ammer; den Namen erhielt die Region wegen der zahlreichen Klöster und Wallfahrtskirchen (Pfaffe = Pfarrer).

10

zuerst von Mitarbeitern auf ihre Barrierefreiheit untersucht. Anschließend werden die erhobenen Daten in einer Datenbank abgespeichert und auf der Internetseite veröffentlicht.

Zunächst wird der aktuelle Internetauftritt dieses EU-Projektes auf Barrierefreiheit untersucht und anschließend die momentan in Entwicklung befindliche Website auf Barrierefreiheit hin getestet.

3.3.1 Das Dorf Herzogsägmühle

Herzogsägmühle ist ein Dorf in Oberbayern, das zwischen dem Hohenpeißenberg und der Stadt Schongau liegt. Im Jahr 1894 wurde eine Arbeiterkolonie für heimat- und wohnungslose Männer eingerichtet. Heute hat Herzogsägmühle ca. 900 Einwohner, die von einer annähernd gleich großen Zahl von Betreuern, Erziehern und Ausbildern in ihrem Berufs- und Privatleben unterstützt werden. Träger der Einrichtung ist der Verein „Innere Mission München - Diakonie in München und Oberbayern e.V.", der zur Evangelischen Kirche Deutschlands gehört. Die Mehrzahl der Einwohner von Herzogsägmühle sind so genannte „hilfeberechtigte Personen", die durch eine Krankheit, durch Umgang mit Suchtmitteln oder durch andere Gründe eine Beeinträchtigung erfahren haben. Daneben gibt es Menschen, die obdachlos oder arbeitslos sind und andere, die mit körperlichen, seelischen oder geistigen Behinderungen leben. Ein Zusammenleben von Behinderten und Nichtbehinderten wird aktiv praktiziert, da auch viele Betreuer und Erzieher Herzogsägmühle zu ihrem Wohnort gemacht haben.[1]

Die abgebildete Luftaufnahme aus dem Jahr 2004 vermittelt einen Eindruck von der Größe der Einrichtung Herzogsägmühle.

Abbildung 8: Luftbild von Herzogsägmühle.
Quelle: O. V.: http://www.herzogsaegmuehle.de/home/index.asp?file=Wir_ueber_uns/
Gesamtansicht.asp; Stand 10.06.2005.

---

[1] Vgl.: o. V.: Herzogsägmühle Diakonie in Oberbayern: Ort zum Leben;
http://www.herzogsaegmuehle.de/home/index.asp?file=Wir_ueber_uns/
Ort_zum_Leben.asp; Stand 06.06.2005.

3.3.2 Die EU-Gemeinschaftsinitiative EQUAL

Die aus dem Europäischen Sozialfonds geförderte Gemeinschaftsinitiative EQUAL[1] zielt darauf ab, neue Wege zur Bekämpfung von Diskriminierung und Ungleichheiten von Arbeitenden und Arbeitsuchenden auf dem Arbeitsmarkt zu erproben. Das Bundesministerium für Wirtschaft und Arbeit ist als Nationale Koordinierungsstelle und Programmverwaltungsbehörde für die inhaltliche und finanzielle Umsetzung des Förderprogramms verantwortlich.[2]

Im Bundesland Bayern wiederum gibt es acht EQUAL-Entwicklungspartnerschaften, die sich in einem Kompetenznetz zusammengeschlossen haben. Eine dieser acht Entwicklungspartnerschaften ist die Entwicklungspartnerschaft Allgäu-Oberland und ein Teilprojekt davon nennt sich Online-Handicap-Aktiv Herzogsägmühle (OHAH)[3], das vom Europa Projektbüro Herzogsägmühle durchgeführt wird.

Ziel des OHAH-Projektes ist es, einen Beitrag zur Verbesserung der beruflichen Eingliederung von Menschen mit Behinderung und/oder Benachteiligung in den Arbeitsmarkt zu leisten.[4] Im Folgenden wird das OHAH-Teilprojekt „Pfaffenwinkel barrierefrei" untersucht.

3.3.3 Der aktuelle Webauftritt des Europa Projektbüros Herzogsägmühle

Die aktuelle Website des Europa Projektbüros Herzogsägmühle kann beim Test auf Barrierefreiheit nicht überzeugen. Weder die Anforderungen der BITV noch die Richtlinien der WAI sind erfüllt. Sogar der HTML[5]-Validitätscheck wird in vielen Punkten nicht erfüllt. Dadurch gibt es für alle Arten von Behinderungen gravierende Nachteile beim Lesen der Informationen. Die nachfolgende Abbildung zeigt die Startseite des aktuellen Internetauftritts.

---

[1] Anm. d. Verf.: Abk. von: Einbindung, Qualifizierung, Unternehmergeist, Arbeitsmarktintegration, Lebenslanges Lernen.
[2] Vgl. o. V.: Bundesministerium für Wirtschaft und Arbeit - Gemeinschaftsinitiative Equal, http://www.equal-de.de; Stand 30.05.2005.
[3] Vgl. o. V.: Gemeinschaftsinitiative Equal - Entwicklungspartnerschaften in Bayern, http://www.equal-bayern.de; Stand 30.05.2005.
[4] Vgl. o. V.: Europa Projektbüro Herzogsägmühle: Online-Handicap-Aktiv; http://www.equali.de/ohah.asp, Stand 30.05.2005.
[5] Anm. d. Verf.: Abk. von Hypertext Markup Language; zu deutsch: Auszeichnungssprache.

12

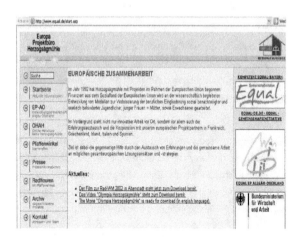

Abbildung 9: Die aktuelle Website des Europa Projektbüros Herzogsägmühle.
Quelle: O. V.: Europa Projektbüro Herzogsägmühle: Pfaffenwinkel barrierefrei;
http://www.equali.de/bafrei_choose_region.asp; Stand 06.06.2005.

3.3.3.1 Nachteile für Sehbehinderte

Für Menschen, die Probleme mit der Kontrast-Darstellung von Farben haben, bietet
der Browser keine Möglichkeit der individuellen Farbeinstellung. Zusätzlich erschwert
wird die Lesbarkeit durch nicht skalierbare Schriften und ein Layout, das bei geringer
Bildschirmauflösung nur noch schwer nutzbar ist.

Der Einsatz eines Screenreaders ist bei diesem Webauftritt nicht zu empfehlen. Ein
Vorlesen des Textes ist nur schwer verständlich bzw. teilweise überhaupt nicht mög-
lich. Die Ursache hierfür liegt in der fehlenden Linearität, da bei der Codierung der
Seite mit Layout-Tabellen gearbeitet wurde und Alternativ-Texte für Grafiken oder
Bilder wenig aussagekräftig sind.

3.3.3.2 Nachteile für körperlich Behinderte

Ein Behinderter, der auf die Maus verzichten muss, kann sich überhaupt nicht durch
die Seiten navigieren, da nach dem Laden der Startseite die Tabulator-Taste nicht
funktioniert. Weder gibt es eine Tabulator-Reihenfolge, noch können die grafischen
Navigationselemente im Kopfbereich und in der Navigationsleiste mit der Tabulator-
Taste erreicht werden. Zudem gibt es keine Tastatur-Kurzbefehle[1], die das direkte An-
springen von Seiteninhalten ermöglichen.

---

[1] Anm. d. Verf.: im Englischen: accesskeys.

3.3.3.3 Nachteile für geistig Behinderte

Menschen mit geistiger Behinderung dürften Schwierigkeiten mit den langen Texten haben. Eine Symbol-Sprache gibt es auf den Seiten nicht. Allerdings ist die Sprache in einfachem Deutsch gehalten.

3.3.4 Der zukünftige Webauftritt von „Pfaffenwinkel barrierefrei"

Auch in Herzogsägmühle ist die Zeit nun reif für barrierefreies Denken. Als Einrichtung, die mit und für behinderte Menschen arbeitet, möchte man an der Spitze der Bewegung für barrierefreie Informationstechnik stehen. Deshalb wird das Projekt „Pfaffenwinkel barrierefrei" nun auch mit einem barrierefreien Internetauftritt umgesetzt, der sowohl den Anforderungen der BITV als auch den Richtlinien der WAI genügen soll. Die folgende Abbildung zeigt das fortgeschrittene Entwicklungsstadium des neuen Internetauftritts.

Abbildung 10: Die neu entwickelte Website von „Pfaffenwinkel barrierefrei".
Quelle: O. V.: Pfaffenwinkel barrierefrei;
http://www.pfaffenwinkel-barrierefrei.de/start.asp?view=1; Stand 06.06.2005.

3.3.4.1 Wovon profitieren Sehbehinderte?

Sehbehinderte haben nun die Möglichkeit, mittels Browsereinstellungen eine individuelle Farbwahl zu treffen. Auch die Schriftgrößen des Textes können nun individuell angepasst werden.

14

Ein Screenreader kann guten Gewissens eingesetzt werden. Die Linearität des Textes ist nun gegeben, da auf Layout-Tabellen verzichtet wurde und Alternativ-Texte für Grafiken oder Bilder vorhanden sind. Wann immer ein Wort auftaucht, welches in englischer Betonung ausgesprochen wird, ist dies im Quellcode gekennzeichnet. Somit können Screenreader den Sprachwechsel problemlos nachvollziehen. Zudem ist die Seite auch auf PDAs und Handys lesbar, da eine saubere Trennung von HTML-Code und CSS[1]-Formatauszeichnung vorgenommen wurde.

3.3.4.2 Wovon profitieren körperlich Behinderte?

Ein Behinderter, der auf die Maus verzichten muss, kann nun problemlos durch die Seiten navigieren, da sämtliche grafischen Navigationselemente und auch alle Verlinkungen mit der Tabulatortaste erreicht werden können. Auf den Einsatz von Flash-Dateien[2] wird verzichtet, da diese Elemente Epilepsie-Anfälle auslösen können.

3.3.4.3 Wovon profitieren geistig Behinderte?

Die Texte sind nun kürzer gehalten und in einer leicht verständlichen Sprache formuliert. Allerdings ist der Einsatz einer Symbol-Sprache nicht geplant.

---

[1] Anm. d. Verf.: Abk. von Cascading Style Sheets; eine Formatierung für HTML-Seiten.
[2] Anm. d. Verf.: Animierte Bilder und Filme mit schneller Bildfolge.

4 Zusammenfassung

Barrierefreies E-Government in Deutschland befindet sich auf dem Vormarsch.
Nicht zuletzt ist dies der Barrierefreie Informationstechnik-Verordnung (BITV) zu verdanken, welche die öffentliche Hand dazu zwingt, alle Informationstechnik-Angebote barrierefrei zu gestalten.

Die technischen Möglichkeiten sind längst vorhanden, um den rund 8 Millionen behinderten Menschen in Deutschland barrierefreien Zugang zu Informationen zu ermöglichen. Doch muss in vielen Programmiererköpfen noch die Einsicht reifen, diese Möglichkeiten auch umzusetzen. Projekte wie Barrierefrei Informieren und Kommunizieren (BIK) und der BIENE-Award sollen dieses Umdenken fördern. Herzogsägmühle als Einrichtung für Behinderte nimmt an diesem Prozess aktiv teil, indem es seine Websites auf Barrierefreiheit umstellt.

5 Zukünftige Projekte für barrierefreies E-Government in Herzogsägmühle

Herzogsägmühle beabsichtigt, den demokratischen Prozess für die Gestaltung von barrierefreien Internetauftritten mitzugestalten, um in der Bevölkerung Sensibilität für dieses Thema zu wecken. Es sollen sowohl Privatpersonen als auch wirtschaftliche Unternehmen und Vereinigungen angesprochen werden.

Geplant ist außerdem ab Herbst 2005 ein integrativer Workshop für alle Bewohner von Herzogsägmühle, die sich ihre barrierefreien Websites in Zusammenarbeit mit erfahrenen Programmieren selbst erstellen sollen.

Zudem wird Herzogsägmühle 2005 mit dem Internetauftritt „Pfaffenwinkel barrierefrei" erstmals an der Ausschreibung für den BIENE-Award teilnehmen.

16

LITERATURVERZEICHNIS

Hamm, I.: Vorwort; in: Friedrichs, S. et al. (Hrsg.): E-Government: Effizient verwalten - demokratisch regieren; Gütersloh 2002.

Hellbusch, J.: Barrierefreies Webdesign: Praxishandbuch für Webgestaltung und grafische Programmoberflächen; Heidelberg 2005.

INTERNETQUELLEN

O. V.: Luftbild von Herzogsägmühle;
http://www.herzogsaegmuehle.de/home/index.asp?file=Wir_ueber_uns/
Gesamtansicht.asp; Stand 10.06.2005.

O. V.: barrierefinder - Ist Ihre Webseite barrierefrei?;
http://www.barrierefinder.de; Stand 10.06.2005.

O. V.: barrierefrei informieren und kommunizieren - Vergleichender BITV-Test
http://www.bik-online.info/verfahren/vergleichender_test.php, Stand 12.06.2005.

O. V.: Barrierefreie Webseiten an der FernUni;
http://www.fernuni-hagen.de/urz/internet/barrierefrei.html, Stand 30.05.2005.

O. V.: Barrierefreies E-Government:
Leitfaden für Entscheidungsträger, Grafiker und Programmierer;
http://www.uni-frankfurt.de/org/ltg/admin/muk/cd/relaunch/dok/e-gov.pdf; Stand 10.06.2005.

O. V.: Barrierefreies Web: Surfen ohne Hindernisse;
http://www.portamundi.de/desktopdefault.aspx/tabid-646/1420_read-16318/page-2;
Stand 29.05.2005.

O. V.: BITV-Test: Ministerien; http://www.bitvtest.de/main.php?a=sl&prid=5, Stand 12.06.2005.

O. V.: Bundesamt für Sicherheit in der Informationstechnik: Chefsache E-Government;
http://www.bsi.bund.de/fachthem/egov/download/1_Chef.pdf; Stand 30.05.2005.

O. V.: Bundesamt für Sicherheit in der Informationstechnik:
Online-Version - E-Government-Handbuch;
http://www.bsi.bund.de/fachthem/egov/6.htm; Stand 30.05.2005.

O. V.: Bundesministerium des Inneren: SAGA: Standards und Architekturen für
E-Government-Anwendungen;
http://www.kbst.bund.de/Anlage304423/SAGA_Version_2.0.pdf; Stand 10.06.2005.

O. V.: Bundesministerium für Gesundheit und Soziale Sicherung:
Behindertengleichstellungsgesetz;
http://bundesrecht.juris.de/bundesrecht/bgg/index.html; Stand 30.05.2005.

O. V.: Bundesministerium für Gesundheit und Soziale Sicherung:
Das Gesetz zur Gleichstellung behinderter Menschen;

http://www.bmgs.bund.de/deu/gra/publikationen/p_6.cfm; Stand 29.05.2005.

O. V.: Bundesministerium für Wirtschaft und Arbeit - Gemeinschaftsinitiative Equal,

http://www.equal-de.de; Stand 30.05.2005.

O. V.: E-Government; von der Verwaltung zum kundenorientierten Dienstleister; Themenindex - E;

http://www.4managers.de/; Stand 12.06.2005.

O. V.: Europa Projektbüro Herzogsägmühle: Online-Handicap-Aktiv;

http://www.equali.de/ohah.asp, Stand 30.05.2005.

O. V.: Europa Projektbüro Herzogsägmühle: Pfaffenwinkel barrierefrei;

http://www.equali.de/bafrei_choose_region.asp; Stand 06.06.2005.

O. V.: Gemeinschaftsinitiative Equal - Entwicklungspartnerschaften in Bayern,

http://www.equal-bayern.de; Stand 30.05.2005.

O. V.: Gemeinschaftsinitiative Equal: Newsletter 6 vom Oktober 2003;

http://www.equal.de/Equal/Redaktion/Medien/Anlagen/EQUAL-Newsletter/EQUAL-Newsletter-Nr-6-Oktober-2003,property=pdf.pdf; Stand 30.05.2005.

O. V.: Lebenshilfe angesagt: Bilder;

http://www.lebenshilfe-angesagt.de/wegweiser/symbole.htm, Stand 10.06.2005.

O. V.: Lösungen für ein barrierefreies Internet;

http://www.barrierefreiesinternet.de/nt_loesung.htm; Stand 30.05.2005.

O. V.: Neue Wege der Bekämpfung von Diskriminierung und Ungleichheiten am Arbeitsmarkt; die
europäische Gemeinschaftsinitiative Equal im Überblick;

http://www.equal.de/Equal/Redaktion/Medien/Anlagen/Broschueren/2005-03-24-equal-flyer-januar-2005,property=pdf.pdf, Stand 12.06.2005.

O. V.: Pfaffenwinkel barrierefrei;

http://www.pfaffenwinkel-barrierefrei.de/start.asp?view=1; Stand 06.06.2005.

O. V.: Vorteile von E-Government für Unternehmen;

http://www.bdi-online.de/img/Energie-Telekommunikation/E-Government1.gif.

O. V.: W3C: Web Accessibility Initiative;

http://www.w3.org/WAI/References/QuickTips; Stand 30.05.2005.

O. V.: Web ohne Barrieren nach §11 im Behindertengleichstellungsgesetz;
http://wob11.de/publikationen/aprompt/programm.html; Stand 10.06.2005.

O. V.: Wissen im Internet;

http://www.bund.de/nn_189112/DE/Vul/WIN/2004/05-Mai/INFO-1806-FTB-sb.html;
Stand 13.06.2005.

Pfeifer, D.: Willkommen auf meiner Homepage; Startseite;

http://www.dirkpfeiffer.de; Stand 12.06.2005.

O. V.:Herzogsägmühle Diakonie in Oberbayern: Ort zum Leben;

http://www.herzogsaegmuehle.de/home/index.asp?file=Wir_ueber_uns/
Ort_zum_Leben.asp;Stand 06.06.2005.

Dokument Nr. V152654
http://www.grin.com/
ISBN 978-3-640-64699-9

9 783640 646999